La Lune

intuition

Brillante et romantique, noire et mystérieuse, la Lune t'invite à épouser tes parts d'ombre et de lumière. Ton intuition et ta sensibilité te rendent d'humeur changeante, car tu vois le monde différemment. Accepte-toi, donne-toi de la douceur et utilise tes dons pour avancer sereinement.

Le trèfle

chance

Saisis la chance qui passe à ta portée.
Apprécie les bons moments, savoure l'instant
qui s'offre à toi en toute lucidité.

Le sommet

élévation

Tu as atteint ton objectif, franchi un obstacle.
C'est l'accomplissement qui t'élève vers le sommet.
Tu es sur la bonne voie, continue d'avancer.

Le nid

projet

Tu es créatif·ve et entrepreneur·se. Curieux·se de nature, tu aimes découvrir et explorer. Tes projets sont en gestation. Cherche des manières originales et productives pour les voir se réaliser.

La caisse

déménagement

Tu t'envoles vers de nouveaux horizons.
En sortant de ta zone de confort, secoue les ondes autour de toi
et relâche les énergies négatives.

La route

chemin tout tracé

Cette voie t'emmène directement vers ton destin.
Si tu gardes l'esprit ouvert et tourné vers les autres,
ta vie sera sans tourment.

L'iceberg

obstacle, secret

Un obstacle physique ou psychologique te barre le chemin. Des choses te sont cachées. Suis ton instinct, fais-toi confiance et examine la situation sous tous les angles avec circonspection.

La campagne

tranquillité

Le contact de la nature te permet de reprendre ton souffle et de te ressourcer. Le calme et la tranquillité te font du bien. Détends-toi, respire et trouve la paix dans ton jardin intérieur.

Le désert

solitude, indépendance

La solitude est l'opportunité d'explorer ton moi profond
afin de faire le point sur ce dont tu as besoin et ce qui te correspond.
Tu pourras alors mettre en place les changements
nécessaires à ton épanouissement.

Le chemin

chemin de vie, persévérance

Chaque expérience est un nouveau pas sur le chemin de ta vie. Même si tu as l'impression de stagner ou d'être en situation d'échec, tu avances, tu changes et tu évolues.

L'avion

décollage

Prends ton envol et survole les mers vers des aventures lointaines.
La transition est rapide.
Sois hardi·e sans être téméraire.

La pomme

maladie

Ta santé est fragile. Il faut te protéger, prendre soin de toi, consulter un médecin. Ne te laisse pas envahir par tes craintes, n'écoute pas les pessimistes, guéris de ton passé. En te mettant à l'écoute de ton propre rythme, tu auras les réponses que tu attends.

La branche

accident

Aussi petit ou traumatisant soit-il, accepter l'accident sans vouloir le contrôler t'aidera à surmonter les épreuves. Adapte-toi. Vois le monde avec un regard neuf et ton sourire reviendra. En te permettant de rebondir, tu prends un nouveau départ et évites les erreurs du passé.

La fissure

pauvreté, stérilité

Tu as un vide en toi, difficile à combler. Le terrain que tu cultives est pour l'instant stérile. Questionne-toi sur tes mécanismes conscients et inconscients. Se pardonner et pardonner aux autres, c'est aussi se libérer. Offre-toi la vie, car tu es unique.

Le facteur

cadeau de la vie

Le cadeau de la vie tombe du ciel devant ta porte.
Prends-le et accepte-le avec gratitude, il est important
sur ton chemin de vie.

L'alvéole

métier

Tu as acquis une stabilité matérielle. Continue dans ta lancée
en montrant ton sérieux et ta fiabilité. Fais preuve de détermination.
Mets en valeur tes aptitudes avec modestie,
tu te feras reconnaître.

L'âge adulte

responsabilité

Tu as des responsabilités qui te semblent lourdes et pénibles.
Tiens bon. Fais preuve de maturité, n'abandonne pas la partie,
accepte d'être le pilier de ta maisonnée.
Elle a besoin de toi !

La tornade

dévastation

Un événement brutal vient balayer tes repères. En reconnaissant que la vie a son lot d'imprévus, tu acceptes de gagner en force et de modifier le cours de ton évolution. Sois résilient·e. Accepte le changement, tu as une capacité d'adaptation plus grande que tu ne le penses.

La grotte

enfermement, étouffement

La peur et l'anxiété ont pris le dessus. Recentre-toi.
Sur quoi peux-tu agir ? Qu'est-ce qui te retient ?
En observant ton problème avec du recul, tu le découvriras
sous un angle différent, plus abordable.

L'alvéole rupestre

art

De nature créative et curieuse, tu es toujours à la recherche
de nouveautés et de connaissances. Aiguise ton regard, observe
le monde autrement afin de reconnaître
sa beauté et son originalité.

Le bureau

travail de bureau

Tu dois t'occuper de tes papiers et mettre de l'ordre dans tes idées. Peut-être dois-tu signer un contrat, officialiser une situation ou rédiger un courrier. Remplis ton devoir avec enthousiasme, il te semblera plus léger et rapide à effectuer.

Les montagnes

défi à relever

Une montagne se dresse devant toi. Même si l'ascension est ardue, le sentiment d'accomplissement que tu auras en arrivant au sommet te fera oublier les tracas du passé. Les défis, qu'ils soient réussis ou non, sont toujours une source d'apprentissage et d'élévation.

Les lucioles

spiritualité

Les lucioles brillantes dans la nuit représentent tes anges gardiens.
Ils te donnent la foi et tu es guidé·e.
Laisse entrer en toi ces êtres de lumière, afin qu'ils ne fassent qu'un avec ton moi véritable, lumineux et puissant.

La ville

sociabilité

Ta vie sociale prend de l'ampleur. Ne refuse pas les nouvelles idées, aiguise ton intelligence, adapte-toi. Ne t'égare pas et trouve ta place sans te perdre ni être dupe des apparences.
Exerce ton libre arbitre.

L'automne

récolte

Tu récoltes ce que tu as semé et tu te prépares à un repos bien mérité.
Les activités ralentissent, tu fais le bilan et tu réfléchis
avec intelligence à la continuité de ta vie
et de celle de tes proches.

Le train

étapes

Le train te transporte vers une destination inconnue.
Agrandis ton espace intérieur en t'ouvrant
à la différence, par étapes. Exerce ta tolérance,
y compris envers toi-même.

La balance

justice

Tu es dans une situation conflictuelle. L'équilibre doit être rétabli. Entreprendre de faire un bilan objectif de ta situation te permettra de faire les bons choix. Fais-toi aider. Si tu es honnête et juste avec toi-même, les plateaux de la balance se rééquilibreront.

La mort

fin

La fin fait partie du cycle de la vie. L'accompagner sans résistance te permettra de guérir et de te libérer de tes peurs pour connaître un renouveau. N'aie pas de regret ; l'évolution appelle le mouvement.

Le cœur

santé, équilibre

Ton cœur, ton corps et ton esprit sont un microcosme
portant en lui les lois de l'Univers.
Prends soin de toi, car ta santé est précieuse.

L'arbre de vie

bonheur, protection

L'arbre de vie te représente. Unique, magnifique, avec tes forces et tes faiblesses. Tes racines sont profondément ancrées, ton feuillage touche le ciel et communique avec tes guides et tes défunts, qui veillent sur toi et t'accompagnent. Tu es protégé·e.

Le ponton

sérénité

Assieds-toi au bout du ponton et laisse la chaleur du Soleil détendre ton corps et ton esprit. Apprécie ce que tu vois, ce que tu sens et ressens. Respire paisiblement l'harmonie qui t'entoure.

L'enfant

émerveillement

Quel que soit ton âge, tu as cette capacité d'émerveillement de l'enfance.
Tu restes ouvert·e à la vie et à ses mystères, au bonheur,
à l'aventure et à l'enthousiasme.

La plage

joie

La joie prend différentes formes : celle d'une mère devant son enfant heureux, celle de l'enfant jouant sur la plage, insouciant. Célèbre le bonheur d'être, tout simplement. Découvre la beauté de l'horizon. Laisse-toi imprégner par l'amour et la joie du moment présent.

L'escargot

lenteur

L'escargot est lent.
Pourtant, il poursuit sa route, peu importe le temps que cela lui prend. Arme-toi de patience.
« Tout vient à point à qui sait attendre. »

Le poteau

communication

N'hésite pas à échanger des idées, à demander de l'aide,
à transmettre, à écouter, à t'exprimer avec sincérité
et à lutter pour tes intérêts.
Tes conseils sont réfléchis et appréciés.

La voiture

petit déplacement, contrôle

Tu es au volant de ta vie. Même si tu ne connais pas le lieu de ton arrivée, tu maîtrises la situation en poursuivant ta route avec confiance. Fais des pauses régulièrement pour t'assurer de prendre le bon chemin.

La mer

source d'énergie

Au bord de la mer, tu te détends et te laisses aller en toute confiance.
Tu goûtes à des sensations infinies et à l'inspiration.
Tu te redynamises grâce aux nombreuses
activités qu'elle propose.

L'adolescent

rébellion

Tu rêves de rébellion. Tu as soif de défendre et d'exprimer tes idéaux.
Fais-toi confiance, sois objectif·ve et affûte ton intellect.
Tu es sur la voie de l'individuation.

L'ancre

stabilité

Tu connais ta place dans le monde physique et tu en tires
un réconfort et une ligne de conduite. Cette stabilité
te permet de t'élever spirituellement, sans te perdre,
et de connaître ta place au sein de l'Univers.

L’anneau

union

L’anneau, entouré par le lierre, symbolise une union solide et intemporelle, qu’elle soit sentimentale, amicale ou professionnelle.

Le bateau

départ, lâcher-prise

Laisse-toi bercer par les flots qui te portent
vers l'aventure et les changements. Respire. Regarde autour de toi,
tu es tranquille et tu t'en remets aux forces
de l'Univers pour te guider.

La ruche

travail

Tu es « un bourreau » de travail.
Tu n'écoutes que ton courage et ne rechignes pas à la tâche.
Cependant, n'oublie pas qu'il y a une vie sociale
et personnelle autour de toi.

La montagne

ambition

La montagne est fascinante, magnifique, changeante, dangereuse.
Pour la conquérir, canalise ton énergie
et fais preuve de prudence car tu as de l'ambition
et tu aimes les défis.

Le printemps

renouveau

Après un long moment d'inertie, la situation bouge petit à petit.
Il est temps de t'étendre, de déployer tes ailes et de passer à l'action.
Tout ce qui était bloqué se débloque. L'énergie revient.
Laisse-toi guider par l'optimisme et la confiance.

La panthère des neiges

force

Tu es capable de dépasser tes propres peurs. Tu as la force et la puissance te permettant de t'élever, physiquement et spirituellement. Ne sous-estime pas ta force intérieure, elle te permettra d'être à la hauteur et de t'adapter en toutes circonstances.

L'œuf

naissance

L'œuf porte l'embryon de la vie, de la création. Sur le point d'éclore, il annonce une naissance, l'aboutissement d'un projet. Apprête-toi à vivre cette nouvelle aventure avec confiance.

L'ananas

abondance

Au Brésil, l'ananas symbolise l'hospitalité et la richesse.
Récolte le fruit de ton labeur, reconnais-le et célèbre-le.
Partage ce fruit autour de toi avec amour,
bienveillance et générosité.

L'été

douceur de vivre

Tu es généreux·se, tourné·e vers les autres et apprécié·e de tes collègues. Accorde-toi quelques jours de vacances en toute confiance. Elles sont méritées.

La fenêtre

foyer, famille

Profite agréablement de la chaleur de ton foyer et goûte au plaisir rassurant du quotidien avec tes proches.

La tortue

calme, sagesse

Tu restes calme, même dans les moments de grande tempête.
Tu cultives la paix de l'esprit et une relation
harmonieuse avec ton entourage.

L'horloge

temps

Laisse le temps faire son œuvre.
Le passé n'est plus, l'avenir n'existe pas encore.
Seul compte le présent.
Carpe diem !

La chute d'eau

rapidité

Telles les chutes d'eau d'Iguazu, qui se précipitent dans le vide avec puissance, des événements arrivent à une vitesse surprenante. Attrape la planche qui passe et surfe sur la vague. Le moment est venu de passer à l'action.

La guinguette

festivités

D'humeur joyeuse, accepte les invitations, les sorties.
Fais la fête, partage des moments avec tes amis,
profite de la vie en toute liberté.

Les fleuves

rencontre

Quelqu'un est sur ta route. Cette rencontre peut être amicale, sentimentale ou professionnelle. Qu'elle soit agréable ou pénible, elle est là pour t'apprendre quelque chose.

Les inséparables

amour, complicité

Symbole de l'amour éternel, ces oiseaux sont unis pour la vie.
Tu aimes et tu es aimé·e. Garde ton cœur ouvert,
l'étincelle de vie qui t'anime et l'amour abonderont.

Les nuages

rencontre sentimentale

Quoi de plus troublant que la découverte de l'autre. Une parole, un sourire, et tu planes sur un petit nuage. Plonge en toi, demande-toi si l'amour en devenir te correspond, et donne-toi le courage d'aller de l'avant.

Le dauphin

amitié

Réjouis-toi du bonheur d'avoir des amis et donne-leur ton amitié inconditionnellement. Consacre-leur du temps, l'amitié est précieuse.

La vieillesse

sagesse

Tu possèdes la capacité de donner des conseils avisés
et tu ne te sens pas agressé·e par les actes et les opinions des autres.
Tu es émancipé·e. Sens-toi libre
de faire ce qu'il te plaît.

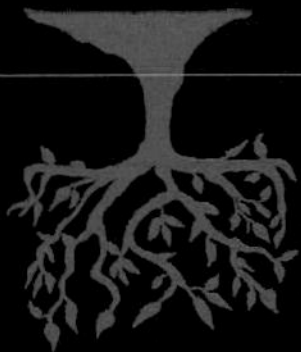

Le brouillard

errance

Tout est flou autour de toi. Tu ne sais pas quelle direction prendre et tu n'as pas de point de repère. Avance prudemment, ouvre tes sens, écoute ton guide intérieur et tu discerneras la bonne route. La brume se dissipera et la lumière reviendra.

La pluie

tristesse, mélancolie

Ouvre ton cœur et libère tes émotions. Sois bon avec toi-même, accepte de ressentir. Réconforte-toi en sachant que sans tristesse, il n'y a pas de joie.

L'éclair

colère

Ne laisse pas la foudre te frapper ni frapper les autres.
Évacue cette énergie négative en te recentrant.
Retrouve ton calme et gère la cause de tes émotions
de manière constructive.

Le serpent

malveillance

Il y aura toujours quelqu'un pour te critiquer, t'envier ou te jalouser.
Ne te laisse pas envahir par la vengeance, le défaitisme ou la colère.
Pardonne-leur, pardonne-toi, passe à autre chose
et tu cesseras d'être une victime.

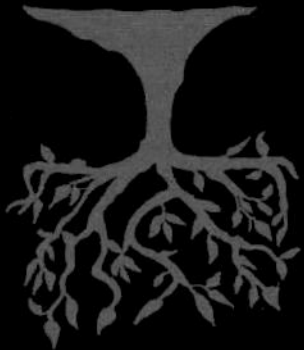

L'hiver

repos

Apprécie le confort douillet de ton foyer.
Le temps est venu de te détendre sans culpabilité car le repos est nécessaire pour ton âme et pour ton esprit.

L'argent

gain ou perte

L'accent est mis sur ta vie matérielle.
Prends conscience de la valeur de l'argent pour ne pas en dépenser inutilement.

Le papillon

légèreté

Tu aimes butiner de fleur en fleur, de cœur en cœur,
librement, sans arrière-pensée.
Attention à ne pas blesser celui ou celle que tu rencontres.